TIREZ LES PREMIERS,

MESSIEURS LES ANGLAIS!

PAR

UN SOLDAT.

PARIS

IMPRIMERIE DE COSSE ET J. DUMAINE,

RUE CHRISTINE, 2.

1859

Paris. — Impr. de COSSE et J. DUMAINE, r. Christine, 2.

MESSIEURS LES ANGLAIS!

Au moment où l'Europe n'aspire qu'à la paix, où la France désarme pour donner au monde un nouveau gage des sentiments qui l'animent; au moment où l'Autriche et la Russie songent à se reconstituer, pour améliorer le sort de leurs peuples;—exaspérée de voir s'éteindre peu à peu des discordes sur lesquelles s'appuie son système tyrannique, l'Angleterre, en armant avec une insolente ostentation, jette à la France la dernière insulte d'une envieuse impuissance, à l'Europe le dernier défi d'un orgueil insensé, enfin, à Dieu lui-même le mépris souverain du jugement par lequel il vient de ratifier celui que plusieurs peuples avaient déjà rendu dans le sens du progrès.

Révolution ou progrès : voilà donc les deux termes de la guerre qui s'engage et qui sera la dernière, par la per-

suasion ou par la baïonnette, de l'idée contre l'instinct,
de la civilisation contre la barbarie, de la France contre
l'Angleterre.

A proprement parler, le progrès n'est autre chose que
la révolution ; mais dans le sens vulgaire des mots, le
progrès, c'est le passage successif et plus ou moins rapide
de l'état de nature à celui de civilisation ; — Tandis que
la révolution, c'est l'application immédiate, au hasard et
quand même, du principe ou du système qui en tient lieu,
suivant l'imagination ou le tempérament de chacun des
adeptes

Le progrès veut des institutions appropriées à chaque
degré de civilisation ou de barbarie.

La révolution n'admet aucune différence entre le Français, l'Anglais, l'Italien ou l'Arabe. — Elle exige pour
tous les mêmes institutions, les institutions anglaises,
bien entendu.

Telle est pourtant la mesure de l'invention de ces illu-
minés qui, jaloux de l'idée qu'ils ne peuvent saisir, s'ob-
stinent à vouloir placer le génie de la France sous les
pieds du mercantilisme anglais.

C'est l'orgueil indompté de Satan descendu jusqu'à
l'impuissante et plate envie ; l'idée du prince de la
révolution réduite aux proportions d'une misérable chi-
cane de procureurs; enfin, c'est le rêve de l'insensé, qui
prétendait supplanter le créateur, remplacé par les cal-

culs de l'ambition mesquine et les prétentions d'une ridicule et sotte vanité.

C'en est donc fait de la révolution, et le progrès seul est du domaine de l'humanité.

Malheur à qui cherche à l'entraver; malheur surtout à qui ne sait pas s'en contenter.

L'Autriche était, en Europe, le dernier rempart du *statu quo*, derrière lequel certains Etats s'étaient placés pour dire au progrès : Tu n'iras pas plus loin.

Ce rempart est tombé.

L'Angleterre, embusquée derrière le mot hypocrite de liberté, fomente partout la révolution qu'elle s'empresse d'abandonner au moment du danger.

C'est ainsi que la France vient de déployer seule le drapeau de la civilisation.

Cependant les Anglais, soi-disant philanthropes, déclarent, sans vergogne, trouver insuffisants des massacres qu'ils avaient évidemment espérés plus complets.

Tous les maux, en effet, s'apprêtaient à se joindre à ceux de la guerre, pour transformer, en un vaste tombeau, le sol de l'Italie.

Alors, l'Autriche et la France épuisées, le champ restait libre aux spectateurs, pour se ruer sur le butin, et satisfaire, au milieu de la curée humaine, leurs robustes appétits.

Mais voilà que, tout à coup, la paix est signée !

Trahison ! s'écrie-t-on de l'autre côté du détroit, avec cette mesure et cette aménité qui distinguent les écrivains et les parleurs britanniques. — Est-ce donc là ce qu'on nous avait promis ! Comment ! à peine quelques hommes hors de combat, et pas le plus petit prétexte à coalition ; mais c'est une déloyauté !

En effet, les marchés étaient ouverts, et ces vendeurs innés, qui spéculent sur tout, espéraient bien avoir à coter, à vil prix, le sang de nos soldats.

On assure qu'il s'est trouvé quelques Français assez mal inspirés pour s'associer à ces plaintes barbares. — Espérons qu'ils sont déjà revenus à des sentiments meilleurs. — Espérons surtout que nos enthousiastes du système anglais, — qu'ils aient eu pour mobile l'intérêt ou la naïveté, ne seront plus tentés de l'offrir, pour modèle, à la France, le pays de la loyauté.

La France, grâce à Dieu, n'a rien de commun avec l'Angleterre, ni sa nature, ni sa manière d'entendre la civilisation. — Elle sait mieux comprendre ses devoirs et ses droits.

La France combat pour émanciper les faibles et les protéger.

L'Angleterre accapare pour asservir et dépouiller.

La France aspire à répandre partout les bienfaits de la civilisation. — L'Angleterre cherche à les anéantir lorsqu'elle ne peut espérer de les détourner à son profit.

En un mot, la France est le soldat de Dieu ; tandis que l'Angleterre n'est qu'un juif politique.

Partout où s'implante le juif insatiable, on voit bientôt se répandre la désolation, peu à peu tout bien-être disparaît, les bras s'énervent, le sol lui-même se sent dessécher ; seul, le coffre-fort de l'accapareur, qui prend tout et ne rend rien, a toujours prospéré.

N'est-ce pas là le résultat que l'Angleterre obtient en tout pays où parvient à se poser son pied oppresseur?

Est-ce à dire que l'Angleterre soit appelée à devenir la reine politique du monde, comme le juif en sera bientôt le roi social ?

Non. — Parce que le juif a le génie de la spoliation, tandis que l'Angleterre n'en a que le cynisme et la brutalité.

Puisque 1815 n'a pu faire aboutir les prétentions de cette puissance, il faut qu'elle se résigne ; car si, pour elle, l'ascension fut rapide, la chute menace de ne l'être pas moins.

Toutefois, que les cœurs généreux se calment, et que les esprits timorés se rassurent, il n'y aura pas d'invasion.

Pourquoi faire une invasion, puisque la conquête est contraire à l'idée de la France ?

Est-ce pour organiser une confédération britannique ?

Elle se fera d'elle-même ; qu'il se produise seulement un homme en Irlande, et l'on aura bientôt vu ce que vaut, dans l'intérieur du Royaume-Uni, le prisme miroitant de ses institutions.

Pour avoir la mesure de l'intérêt que la France et l'Angleterre portent réellement à la cause de l'humanité, il suffit de comparer les rôles et les desseins de ces deux puissances dans la question italienne.

Avant de songer à l'agrandissement du Piémont, l'idée commune aux alliés, dans la guerre contre l'Autriche, était la confédération italienne.

Idée généreuse, élevée sans doute, mais restreinte et, par conséquent, subordonnée à la grandeur du but auquel aspire la France, la confédération européenne.

La France veut donc assurer la paix, en rendant à chacun la place qui lui appartient, et non pas en intriguant, comme le fait l'Angleterre, dans le but d'affaiblir des puissances rivales.

Le peuple qui se donne une telle mission peut bien encore avoir des adversaires en Europe; mais il ne veut plus y compter d'ennemis. — Aussi, n'a-t-il jamais partagé certaines animosités qu'il était, peut-être, permis au Piémont de nourrir contre l'Autriche et, à peine cette puissance avait-elle avoué sa défaite, qu'il lui tendait une main amie plutôt que généreuse, comme l'avaient déjà fait ses soldats aux vaincus du champ de bataille.

Il n'appartenait pas au glaive tiré pour protéger une nationalité, d'en frapper une autre au cœur, sous peine d'abandonner le principe, pour se faire l'instrument d'un parti.—Et quel parti? celui de l'Angleterre.—Car pendant que Napoléon enjambait les champs de bataille et faisait, en vain, appel aux peuples qu'il délivrait ; seul, peut-être de tout son royaume, Victor-Emmanuel combattait de tout cœur à côté des Français ; tandis que ses ministres et même ses soldats n'ont jamais compté qu'avec les Anglais, — attendant, sans doute avec impatience, le moment de se jeter dans leurs bras, pour faire de Turin, capitale d'Italie, un des anneaux de la chaîne dans laquelle l'Angleterre, — non contente de faire subir à l'Europe le joug honteux de ses forts maritimes, a toujours nourri l'espoir de serrer la France, entre Londres, Anvers, Berlin, Gibraltar et l'Océan.

Et voilà pourquoi l'on nous impute à crime la paix de Villafranca !

Espérons que l'histoire nous accordera le bénéfice des circonstances atténuantes pour un crime qui met la rage au cœur des Anglais, et fera notre gloire aux yeux des autres peuples.

Quant au Piémont, en accueillant notre triomphe par d'odieuses démonstrations, il a donné la mesure de ce qu'on devait attendre d'un peuple dont l'ingratitude et l'envie s'étaient déjà manifestées sur le champ de bataille.

Bientôt, du reste, son amitié n'eût plus dépendu que du vote de quelques députés, et, quelle confiance placer en un croupion du parlement anglais !

Sans rien préjuger des dispositions de l'Autriche, au

moins saura-t-on avec qui compter ; car son empereur, entré loyalement dans la guerre d'Italie, l'a terminée grandement, après l'avoir faite avec un malheur qui n'exclut pas le courage et l'habileté, quoi qu'en aient pu dire les insulteurs patentés du vaincu, ceux-là mêmes, qui s'étaient apprêtés à le flatter en cas de succès.

Il est incontestable, en effet, pour quiconque possède quelques notions stratégiques, que la courtoisie de Napoléon ne pouvait s'adresser à plus digne adversaire, et que ce n'est pas François-Joseph, mais bien le système social de l'Autriche, qui doit assumer la responsabilité de la défaite de Solferino.

On ne gagne pas toutes les batailles bien combinées ; témoin Magenta que Napoléon soldat a regagnée, mais que Napoléon général avait perdue par suite de circonstances avec lesquelles il ne devait pas compter.

Pour juger convenablement de la guerre, il faut donc se baser sur les causes et non sur les effets. Alors on verra pourquoi l'empereur François-Joseph s'est vu contraint, avec toute une armée, d'abandonner les hauteurs de Cavriana, tandis que l'empereur Napoléon, avec une poignée de grenadiers, avait tenu quand même au pont de Buffalora.

C'est que l'armée française compte autant de citoyens que de baïonnettes, tandis qu'en Autriche l'officier seul fait partie de la nation. — L'Empereur des Français était certain que pas un de ses soldats ne l'abandonnerait, tandis que l'Empereur d'Autriche, réduit à ne compter que sur le dévouement de ses officiers, en cherchant une mort glorieuse dans la mêlée, ne pouvait rencontrer qu'une humiliante captivité.

Que doit-on en conclure ? C'est que, pour avoir fait taire son juste orgueil de capitaine, après une seule défaite, il faut que François-Joseph ait découvert, sur le champ de bataille de Solferino, le secret de notre éclatante supériorité et, qu'après avoir quitté le lieu du combat, pour traiter de la paix, il n'a pu rentrer dans ses Etats que par la voie qui mène aux progrès de la civilisation.

Tant mieux pour l'humanité si les peuples de l'Autriche en profitent ; tant pis si les Italiens, après avoir décliné l'honneur d'être soldats, ne se montrent pas dignes de devenir citoyens libres d'un pays indépendant.

C'est qu'il ne suffit pas, pour atteindre ce but, de s'en aller partout, pleurant l'indépendance perdue, et criant : Vive la liberté ! sans songer aux devoirs qu'imposent des droits aussi sacrés. Il ne suffit pas même, pour les bien remplir, de savoir livrer bravement des combats ou faire des révolutions.

La France en est un exemple frappant. — Est-il une nation plus digne de posséder la liberté ? Et pourtant, on l'a vue marcher à grands pas vers sa perte, toutes les fois qu'elle en a voulu jouir avant de l'avoir établie sur des bases solides.

Quelles sont donc les bases de la liberté ?

Nous les trouvons indiquées dans ces trois mots fameux qui décoraient naguère le frontispice de tous nos monuments : LIBERTÉ, ÉGALITÉ, FRATERNITÉ ! Trois mots admirables, mais qui, disposés de la sorte, sont la négation de tout ordre politique et social.

En effet, l'égalité sans la fraternité, c'est-à-dire le droit sans le devoir, c'est le despotisme.

La liberté sans la fraternité et l'égalité, c'est-à-dire-sans la reconnaissance des devoirs et la garantie des droits, c'est la licence et l'anarchie.

Avant de parler de liberté, avant d'annoncer aux hommes que les derniers d'entre eux deviendraient les premiers, Jésus leur avait dit : « Aimez-vous les uns les au« tres. » — « Ne faites pas à autrui ce que vous ne vou« driez pas qu'on vous fît. »

L'idée vraie du christianisme est donc : Fraternité, Égalité, Liberté, tandis que l'autre formule n'est qu'un leurre du réalisme protestant ; cette amorce tendue aux mauvais instincts de l'humanité, par l'égoïsme impatient, l'ambitieuse médiocrité, et surtout par l'envie, le plus détestable et le plus honteux de tous les vices.

Il est certain que tout système qui ne songe qu'à se faire des prosélytes, a plus de chances de succès, en disant à chacun : Sois libre ou bien puissant, qu'en lui rappelant ses devoirs envers ses semblables.

Voilà pourquoi l'homme de parti promet volontiers tout sans rien exiger, quitte à faire, après coup, ses restrictions ; — tandis que celui qui marche avec le principe commence par ordonner. Aussi rencontre-t-il de grands empêchements et de rudes inimitiés. Témoin Jésus, le martyr social, et Napoléon le martyr politique de la même idée qui n'a germé qu'après leurs supplices.

Mais cette idée reste et restera toujours, parce que la vérité est éternelle ; tandis que le mensonge a beau triompher un moment, tôt ou tard il finit par s'écrouler.

La France, avec l'idée du Christ et de Napoléon, c'est la vérité.

L'Angleterre, derrière Calvin et ses parlements, c'est le mensonge.

Entre l'Angleterre et la France se tient en suspens aujourd'hui, comme l'erreur entre le mensonge et la vérité, la Russie, ce vaste camp qui sort à peine de l'état de nature, et qui a bâti comme on bâtit au camp, comme fait toute institution qui n'a pas foi dans sa durée.

Négligeant les fondements, cette puissance a jeté tout de suite le corps de l'édifice, plus sage toutefois que l'Angleterre, qui ne s'est occupée que du couronnement.

Est-ce à dire que la Russie jouisse véritablement de l'égalité qu'elle a prise pour point d'appui ? Nullement, pas plus que l'Angleterre de la liberté ; — mais, de ce que la machine fonctionne mal, il n'en résulte pas qu'on doive nier le principe.

Or, il n'est pas une nation qui, plus que la Russie, soit susceptible de donner une large application à cette parole de l'Evangile : « Les premiers seront les derniers. »

De là ce despotisme qui s'exerce à tous les degrés de l'échelle sociale, rigoureux en haut, en bas odieux et flétrissant.

Cependant, la Russie, fatiguée de végéter dans les ténèbres de la barbarie, revendique sa place au soleil de la civilisation.

C'est pour elle un moment suprême, et pour l'Europe une situation critique.

La Russie fera-t-elle son œuvre d'émancipation en retournant d'abord vers la fraternité, ou bien en se jetant tout de suite dans les bras de la liberté? Prendra-t elle conseil de la sagesse désintéressée de la France ou de l'égoïste impatience de l'Angleterre ?

Voilà la question !

Avec l'alliance française et la fraternité, c'est la paix pour l'Europe, et pour elle, la prospérité.

Avec l'Angleterre et la liberté, c'est la guerre partout, et chez elle le plus épouvantable cataclysme, sans doute, dont l'histoire ait jamais fait mention.

C'est que l'Angleterre ne peut vivre que par la violence et la domination; tandis que la France voudrait n'avoir à s'appuyer que sur la persuasion.

L'Angleterre a besoin de coaliser les armées de l'Europe. La France ne veut faire appel qu'à l'opinion publique. En un mot, l'Angleterre c'est la tyrannie, et la France l'émancipation.

Il n'est pas de meilleur juge que l'instinct populaire.— Eh bien ! quel est parmi nous celui qui ne sent pas que l'Angleterre est la haine à mort de la France et le boulet de l'Europe. — Aussi, toutes les fois qu'on entend prononcer le mot : GUERRE, tous les regards se portent-ils immédiatement vers le nord. — Cependant nos soldats ont pris tour à tour les chemins de l'orient et ceux du midi.

Qu'importe la Russie, et qu'importe l'Autriche, s'est-on dit à chaque expédition ? —Ce n'est pas là qu'est l'ennemi. — En effet, mais il importe que la tyrannie meure et pas seulement qu'elle se déplace.

Or, la Russie convoitait Constantinople, et l'Autriche l'Italie.

Si l'un ou l'autre de ces deux États, qui sont avides de conquêtes autant que l'Angleterre, avait atteint son but, au moment où cette puissance doit se trouver réduite à sa véritable expression, il n'eût certainement pas manqué d'user de sa force redoutable pour tenter de remplacer la domination éteinte.

Il était donc urgent d'arrêter leurs empiétements et, dans les deux cas, la France a fait des guerres purement et rigoureusement défensives, pour en épargner de plus terribles à l'avenir.

Du reste, sa modération et sa courtoisie dans la victoire sont les sûrs garants qu'à ses yeux, désormais, la force ne doit plus s'imposer et qu'il appartient à l'idée seule de se répandre et de triompher.

L'Angleterre a deux points d'appui, la liberté sociale et l'égalité politique, il lui manque l'essentiel, la fraternité, c'est-à-dire, le point d'appui moral.

De là sa licence intérieure et son despotisme international.

Jusqu'à présent les succès de son mercantilisme extrême et presque exclusif l'avaient préservée de l'anarchie ; mais elle l'a vu commencer, et bientôt, sans doute, elle n'aura plus rien à envier à la Turquie, le vrai pays de la liberté, pour peu que ses pickpockets aient autant d'énergie que les bachi-bouzouks.

Alors on comprendra qu'on prenne pour type la liberté anglaise ; car, jusqu'à présent, on ne pouvait s'expliquer cette prédilection que par l'ignorance de ceux qui la professent ou par l'espoir, qu'ils nourrissent peut-être, de voir continuer la prospérité de l'Angleterre, tandis qu'ils comptent moins sur celle de la Turquie.

• Mais c'est là une grave erreur.

Avant la Turquie, que vient de sauver et que pourrait bien encore protéger sa faiblesse, l'Angleterre sera morte ; — à moins qu'elle ne parvienne à faire écraser la France, ou bien à trouver chez elle un homme assez grand et assez dévoué pour la contraindre à sortir du cercle vicieux de ses institutions.

Mais son orgueil indomptable l'empêchera de le rencontrer, et la France ne veut pas se laisser écraser.

C'en est donc fait de la puissance anglaise. Elle aura beau manœuvrer ses ficelles diplomatiques, évoquer tous les fantômes de la peur, et les traîner par l'Europe avec ce mépris suprême de tout respect humain qu'apportent ses vaisseaux à promener sur les mers, pour en faire marchandise, les ossements de ses soldats morts au champ d'honneur; elle aura beau sonner le tocsin et faire gronder le canon d'alarme, viendra le moment où personne ne l'entendra plus, et alors, le vaisseau de son État, abandonné sans boussole et sans gouvernail sur la mer orageuse qu'elle voulait dompter, aura bientôt rencontré le rescif qui doit l'empêcher d'atteindre son but.

La France a l'heureux privilége d'avoir traversé, sinon sans encombre, du moins sans tomber, les différentes phases qui peuvent servir à l'expérience d'un peuple.

Longtemps sa monarchie, qui contribua si puissamment à sa grandeur, a dû croire à la bonté de son principe, qui consistait pourtant à n'en pas avoir.

En effet, elle ne pouvait s'appuyer sur la fraternité, puisque, née de la conquête, elle reconnaissait les priviléges exclusifs des conquérants en tant qu'ils ne portaient pas ombrage à sa propre puissance.

Elle n'admettait pas l'égalité, puisqu'elle a toujours maintenu la ligne de démarcation entre le vainqueur et le vaincu. — Enfin, des exemples mémorables attestent qu'elle faisait assez bon marché de la liberté.

La pyramide n'était pas assise sur sa vraie base; mais ceux qui l'avaient établie, au lieu d'essayer de la faire tenir en équilibre, la laissaient toujours prudemment couchée; de sorte qu'on avait beau la remuer, la retourner en tous sens, elle présentait toujours sinon la même face, du moins le même aspect.

Un jour, l'idée vint de la mettre en terre.—Cette opération se fit au nom de l'égalité.

Inutile d'ajouter que ce fut au détriment de la fraternité, et de rappeler l'horrible despotisme qui en est résulté.

— Si horrible, si extravagant, qu'on n'entendit bientôt plus qu'un seul cri : Vive la liberté ! — Quant à la fraternité, l'on n'y songeait guère ; aussi le despotisme eut-il bientôt fait place à la licence et à l'anarchie.

C'est alors que parut l'homme que les nations prédestinées trouvent toujours à leur heure.

Il était temps, car la France s'en allait.

Il était urgent de couper le mal à sa racine ; —aussi, Napoléon eut-il bientôt mis de côté cet odieux lambeau de liberté qui, sous son titre menteur, cherchait à cacher au pays sa honte et sa décadence.

Bientôt le peuple fut uni dans une gloire immense, et l'enthousiame fit naître la vraie fraternité.

L'égalité vint ensuite, et puis..... pourquoi la liberté ne vînt-elle pas couronner l'édifice?

Qu'on le demande aux Anglais, ces ennemis éternels de toute idée qu'ils ne peuvent acheter !

Aujourd'hui, le règne de la vraie liberté nous apparaît splendide sous les auspices de l'oubli des injures.

Tu compléteras mon œuvre, a dit à son héritier, l'homme dont on croyait avoir enseveli, pour jamais, l'idée sous un roc infâme.

Et les bourreaux ont tremblé !

Pourquoi ? Craignaient-ils donc de terribles représailles ? Non ; ils savent bien que la France ne sait pas et ne doit pas se venger ; mais ils espéraient en épouvanter les autres.

Ce qu'ils redoutent, pour eux-mêmes, c'est la justice de Dieu.

Et ce n'est pas sans raison ; car le châtiment a déjà commencé.

Qu'est-ce, en effet, pour l'Angleterre que l'impuissance de ses armes à coté du triomphe éclatant des nôtres ? — Qu'est-ce que la révolte des Indes, le percement de l'isthme de Suez, la grève incessante de ses ouvriers et la défection de ses marins et soldats ? Autant de banderoles qui mettent en fureur le taureau sacrifié. Il se démène, il mugit ; puis, lorsque, haletant, il se tourne vers la France, que voit-il ?

La paix de Villafranca, le terrible aiguillon qui déchire sans pitié ses chairs palpitantes, en même temps que retentit la voix du jugement dernier qui lui crie : Renonce à trouver désormais en France un dernier holocauste dans la garde qui meurt.

La France veut rester dans toute sa force et sa gloire pour répéter aux Anglais : ALLONS, MESSIEURS, VEUILLEZ TIRER LES PREMIERS !

1ᵉʳ septembre 1859.